조민기

꽃미남 중독
역사를 전공하지 않은 역사 작가로 한양대학교에서 문화인류학을 전공했다. 한 시대를 흔들었던 아름다운 인물에 대한 애정을 팬의 마음으로 연재한 칼럼 <꽃미남 중독>이 뜨거운 호응을 받으며 칼럼니스트로 자리매김했고 <외조 - 성공한 여자를 만든 남자의 비결>을 펴내며 작가가 되었다.

역사는 이야기다
잘 알려진 역사의 측면과 이면에 존재하는 숨은 이야기를 찾아서 생생하게 전달하는 역사 스토리텔러이자 역사와 인물에 대한 애정과 관심을 바탕으로 다섯 권의 역사책을 펴낸 베스트셀러 작가이자 강사로 활동하고 있다.

지금까지 펴낸 책
<외조 - 성공한 여자를 만든 남자의 비결> <조선임금잔혹사> <조선의 2인자들> <세계사를 움직인 위대한 여인들> <부처님의 십대제자 - 경전 속 꽃미남 찾기> <그녀는 다시 태어나지 않기로 했다 - 붓다를 만난 여인들> 영화소설 <봄> 창작 그림 동화 <친구를 만나러 왔어요> 육아에세이 <아기부처 엄마보살> 등

3분만에 읽는 조선왕조실록

광해군을 움켜쥔 궁녀

조민기 지음

〈3분 실록〉 소개

역사는 흥미롭지만 어렵고 두꺼운 책은 싫은 당신에게 〈3분 실록〉 시리즈를 추천합니다. 실록에 기록된 내용을 바탕으로 유명한 인물부터 잘 알려지지 않은 인물까지 100% 정사로 풀어냈습니다. 출·퇴근길, 등·하굣길에 언제 어디서든 읽기 편한 작은 판형과 얇은 분량으로 알차게 채운 〈3분 실록〉! 이제 간편하게 역사 이야기를 즐겨보세요.

〈3분 실록〉 특징

〈3분 실록〉 시리즈는 책의 등장인물과 사건을 사극의 한 장면을 보는 것처럼 생생하게 각색한 짧은 이야기 '3분 소설'로 시작해 쉽게 몰입할 수 있습니다. 또한 실존인물인 주인공과 관련된 실록의 내용을 발췌하여 수록한 본문은 야사나 설화가 아닌 정사의 관점으로 역사를 친절하게 안내합니다.

〈3분 실록〉은 계속됩니다.

3분 소설

광해 15년 1623
3월 12일 저녁

모반에 대한 고변을 확인한 박승종은 불안한 마음으로 광해에게 갔다. 광해가 왕위에 오른 후 역모 사건이 끊이지 않았고 국청도 수없이 많이 열렸다. 역모와 모반은 실로 엄청난 일이었으나 이에 대한 고변도, 추국도 너무 자주, 너무 흔하게 일어나다 보니 점차

무뎌졌다. 하지만 위험에 대한 경계가 무뎌졌을 때가 가장 위험하다는 것을 박승종은 알고 있었다. 무엇보다 이번 고변에 대한 광해의 행동이 이상했다. 광해는 역모를 병적으로 경계했고, 살이 터지고 피가 튀는 추국을 지켜보는 것을 조금도 꺼리지 않았다. 그렇기에 고변을 받자마자 서둘러 관련자를 추포하고 추국청을 준비했는데 광해의 재가가 떨어지지 않았다. 이에 박승종이 광해에게 달려가 상황의 엄중함을 거듭 고했다.

"전하, 평산 부사 이귀가 김류, 신경진 등과 함께 모반을 준비하고 있다는 고변이 올라왔습니다. 신이 이미 추국청을 설치하였으니 조사를 허락해주십시오."

후궁과 더불어 술을 마시며 한창 흥이 올라 있던 광해가 들고 있던 술잔을 탁 소리가 나게 상 위에 내려놓았다. 후궁의 웃음소리와 음악 소리가 일시에 멈췄다. 그 순간, 얼어붙은 공기 사이로 간들거리는 목소리가 들렸다. 광해가 가족보다, 신하보다 신임하는 유일한 여인, 김 상궁이었다. 색상이 정해져 있는 상궁의 복색 대신 화려한 당의를 갖춰 입은 그녀의 모습은 궁녀가 아니라 마치 후궁의 우두머리처럼 보였다.

"밀창부원군, 이미 밤이 늦었는데 저희에게 전하를 좀 양보해주시지요. 종일 고된 정무에 시달린 전하께서 이제 막 술 한 모금을 넘기시려는데 어찌 이를 방해하

십니까."

 김 상궁의 말이 끝나자 후궁이 꺄르르 웃음을 터트렸다. 미소를 지은 채 김 상궁을 지켜보던 광해가 이윽고 입을 열었다.

 "모반에 대한 고변이 올라왔다고."

 "그렇사옵니다, 전하. 추국을 허락해주십시오."

 "지난 15년간 모반을 일으킨 자를 얼마나 잡아 죽였는데 아직도 모반이란 말인가. 또 이이첨의 생각이겠지. 정말 지긋지긋하오."

 "아니옵니다. 광창부원군 이이첨이 아니라…."

 광해는 고개를 돌리고 손을 저으며 박승종의 말을 잘랐다.

"듣기 싫소. 모반이 확실하다는 증좌가 없다면 그냥 두시오. 오늘은 편히 지나갔으면 하오."

광해의 눈빛은 단호했다. 고개를 숙이던 박승종의 눈이 광해의 옆에서 귓속말 중이던 김 상궁과 마주쳤다. 어서 가보라는 김 상궁의 눈짓에 박승종은 돌아설 수밖에 없었다.

역모의 싹을 잘라내기 위해 그토록 많은 이들을 숙청했던 광해는 반정을 막을 수 있는 마지막 기회를 스스로 버렸다. 다음 날인 3월 13일 저녁, 능양군은 군사를 이끌고 반정을 일으켰다. 이를 대비하지 못한 광해는 허겁지겁 담을 넘어 의관 안국신의 집으로 몸을 숨겼으나 금방 들

키고 말았다. 또한 반정 세력으로부터 막대한 뇌물을 받고 모반은 없다며 마지막까지 광해를 안심시켰던 김 상궁은 반정이 일어난 밤, 처형되었다. 어쩌면 이미 예상된, 비참한 죽음이었다.

광해군이 신뢰한 유일한 여인

선조와 광해군 시대의 궁녀 김개시는 실록 《광해군일기》와 작자 미상의 궁녀가 쓴 《계축일기》에 등장하는 실제 인물이다. 《계축일기》는 숙종 시대의 《인현왕후전》, 정조와 순조 시대의 《한중록》과 더불어 궁중 여성 문학을 대표하는 고전으로 세 작품 중 시대적으로 가장 앞서 있다. 《인현왕후전》

이 노론의 영향을 받은, 인현왕후에 대한 전기 소설이고 《한중록》은 혜경궁 홍씨가 쓴 자전적 회고록이라면 《계축일기》는 인목왕후를 모시던 궁녀가 쓴 작품으로 보인다.

　김개시는 제14대 선조 대에 궁녀가 된 인물이다. 선조는 조선 최초로 '궁녀 출신 후궁의 손자'라는 방계 혈통으로 왕위에 오른 임금이다. 정통성이 미약했던 그는 왕권의 위엄을 세워줄 적장자가 필요했으나 왕비 의인왕후는 자식을 낳지 못했다. 선조는 후사를 위해 후궁을 간택했고, 궁녀에게 승은을 내려서 후궁에게서만 왕자 10명을 두었다. 왕자는 충분했으나 선조는 재위 20년이 넘도록 세자를 세우지 않았고 그 과정에서 당쟁은 과열되었다. 당쟁이 치열할수록 선조의 왕권은 강화됐는데 선조의 어심을 파악하면 각각의 당파에 유리했기 때문이다. 당쟁의 과열은 임금의 비위를 맞춰 어심을 움직이는 방향으로 나아갔고 덕분에 선조의 왕권은 탄탄하게 유지될 수 있었다.

하지만 선조 25년1592 임진왜란이 발발하면서 선조는 급히 광해군을 세자로 세웠다. 광해군은 선조의 아들 중 자질이 훌륭하고 모범적이라는 평을 들으며 세자 후보로 거론되던 중이었다. 하지만 선조는 세자를 세우라는 신하들과 왕자들을 저울질할 뿐 세자를 세우는 일을 계속 미루고 있었다. 그러던 중 임진왜란이 발발하고 왜적이 한양 부근까지 몰려오자 선조는 피난을 위해 광해군을 세자로 선택한 것이다. 책봉식조차 없이 세자가 된 열일곱 살의 광해군은 선조를 대신하여 민심을 달래고, 백성들을 위로하며 전장에 나아갔다. 피난을 서둘렀던 선조와 달리 위험을 마다하지 않는 세자 광해군의 책임감 있는 모습에 관군과 의병의 사기가 고취했다.

그러나 광해군에게 진정한 위협은 전쟁이 아닌 선조의 어심이었다. 임진왜란이 끝나자 선조는 광해군을 세자로 대우하기는커녕 수시로 면박을 줬고 백성들을 위로하며 뒤늦게 한양으로 돌아온 의인왕후가 병환으로 승하하고 삼년상이 끝나자마자 계비를 맞이했다. 선조가 계비로 맞이한 인목왕후는 열아홉 살이었고, 왕비가 된 이듬해 정명공주를 낳았다. 선조에게는 이미 스무 명이 넘는 자식이 있었으나 '왕비의 몸에서 태어난 자식'은 특별할 수밖에 없었다. 3년 후, 인목왕후는 선조가 평생을 기다렸던 적장자, 영창대군을 낳았다.

적장자를 품에 안은 선조는 영창대군을 향한 편애를 감추지 않았고 광해군을 노골적으로 무시했다. 세자 광해군의 지위가 한없이 위태로웠던 이 시기, 선조의 어심을 파악하여 광해군을 은밀하게 보호한 사람이 바로 상궁 김씨, 김개시였다. 김개시는 임진왜란 중 피난길에 오른 선조를 보필하면서 선조의 신임을 얻었으나 세자 광해군을 지지하고 있었다. 아버지 선조와 계모 인목왕후 그리고 동생에 대한 시기와 견제를 감추지 않는 친형 임해군 등 가족들로부터 끊임없이 상처받은 광해군에게 김개시는 그가 마음을 놓고 의지할 수 있는, 몇 안 되는 인물 중 하나였다. 김개시는 광해군의 승은을 받았으나 후궁이 되는 대신 마지막까지 상궁 직위를 유지한 채 그를 보필했다. 가족을 믿을 수 없던 광해군과 변변한 가족이 없던 김개시는 그렇게 서로를 굳게 신뢰하였고, 상궁 김개시는 광해군에게 유일무이하고 특별한 여인으로 남았다.

  1608년 선조가 승하하고 광해군이 왕

위에 오르자 김개시의 권세는 막강해졌다. 중요한 인사와 국정에도 그녀의 입김과 손길이 뻗쳤고, 아예 김개시에게 아부하며 그녀를 이용해 광해군을 움직이려는 세력도 생겼다. 김개시는 《광해군일기》와 《계축일기》에 모두 등장하는데 평가는 당연히 부정적이다. 특히 《계축일기》는 인목왕후의 억울함을 호소하는 글이기 때문에 인목왕후의 유폐 등에 관여했다고 추측되는 상궁 김 씨에 대한 험담 등이 아주 상세하게 묘사됐다.

《조선왕조실록》이 번역되기 전에는 한글로 쓰인 《계축일기》를 바탕으로 광해군을 천하의 폐륜아로, 인목대비를 철저한 피해자로 그린 드라마나 영화가 만들어졌다. 하지만 광해군에 대한 새로운 해석이 등장하면서 광해군 시대를 다룬 다양한 작품이 만들어졌다.

실록에 기록된 이름, 개시

성종의 재위 시절 정희대비의 수렴청정에 없어서는 안 될 서사 상궁으로서 권력을 누린 조두대와 김개시. 둘의 차이점과 공통점은 무엇일까. 먼저 두 사람이 가진 권력의 원천이 달랐다. 조두대의 권력은 상전의 신뢰에서 나왔다. 그는 세조와 정희대비 그리고 인수대비의 신임을 얻었다. 조두대의 상전은 내명부의 수장인 대비였다.

반면 김개시의 상전은 내명부에 없었다. 왕비도, 대비도 그를 다스릴 수 없었고 김개시 또한 왕비와 대비는 안중에 없었다. 김개시의 상전은 광해군뿐이었으며 그는 광해군의 묵인과 총애를 무기로 대신과 함께 정치를 논했다. 즉 김개시는 광해군의 측근으로 당대의 권력자와 더불어 국정에 직접 개입했다.

조두대와 김개시의 공통점은 둘 다 미천한 신분으로 궁녀가 됐으며 권력을 남용한 비선실세로서 실록에 이름이 남았다는 사실이다. 《조선왕조실록》에서 김개시에 대한 기록은 광해군 시대의 권력자 이이첨에 대한 비난과 함께 등장한다. 이때 '상궁'이라는 직위와 '개시'라는 이름이 정확하게 등장한다.

> (중략) 김 상궁은 이름이 개시介屎로 나이가 차서도 용모가 피지 않았는데, 흉악하고 약았으며 계교가 많았다. 춘궁광해군의 옛 시녀로서 왕비를 통하여 나아가 잠자리를 모실 수 있었는데, 인하여 비방祕方으로 갑자기 사랑을 얻었으므로 후궁들도 더불어 무리가 되는 이가 없었으며, 드디어 왕비와 틈이 생겼다.
>
> 《광해군일기》[중초본] 69권
> 광해 5년 8월 11일

개시의 '개介'는 (사이에) 끼이다, 낱개라는 뜻이고 '시屎'는 똥, 대변이라는 뜻이다. 그래서 여러 소설과 드라마 등에서 김개시는 '개똥이'라는 이름으로 등장하곤 했다. 조선시대에는 무병장수 등을 기원하며 어린아이의 이름을 일부터 천하게 부르는 풍습이 있었기에 '김개똥'이라는 이름은 자연스럽게 받아들여졌다. 하지만 광해군과 김개시를 증오에 가깝게 바라보며 험담을 퍼붓는 《계축일기》에서 김개시는 '가희'라는 이름으로 기록됐고, 그의 신분을 '천예賤隸, 천한 노예의 딸'로 기록한 《연려실기술》에서는 '개희介姬'라는 이름으로 기록됐다.

《광해군일기》는 광해군을 폐위하고 왕

위에 오른 인조 시대에 쓰인 기록이다. 역사가 승자의 기록이라면 인조와 반정 세력은 국정 농단에 개입한 김개시를 '가희'보다는 개똥이라는 이름으로 남기고 싶었을 것이다. 《조선왕조실록》에서 인물에 대해 평할 때 외모를 묘사하는 일이 드문데 《광해군일기》에는 '나이가 차서도 용모가 피지 않았다'고 김개시의 외모를 평한다. 한 마디로 이름도 개똥이며 외모도 별 볼 일 없다는 말이다. 그럼에도 김개시는 왕비의 주선으로 광해군의 승은을 받았고 그가 받은 왕의 총애는 후궁과 비교할 수 없었다.

김개시를 비난하고 깎아내리려는 의도가 다분한 승자의 기록은 오히려 그에 대한 호기심과 상상력을 자극한다. 드라마 《서궁》1995, KBS에서는 배우 이영애가 김개시를 연기했고, 드라마 《왕의 여자》 2003~2004, SBS에서는 배우 박선영이 같은 역을 맡아 선조와 광해군을 사로잡은 희대의 요부로 묘사됐다. 그리 아름답지 않았으나 후궁이 감히 따를 수 없을 정도로 광해군의 총애를 받았던 김개시. 그의 매력은 과연 무엇이었을까.

피난 중 '특별 상궁'이 되다

김개시는 선조 25년 1592 13~14세 즈음의 나이로 입궁해 동궁전의 궁녀로 배치되면서 광해군과 인연을 맺었다. 김개시는 비록 노비 출신이었으나 매우 영특해 금방 한자와 한글을 익혔다. 어쩌면 노비 시절에 이미 글을 읽고 쓸 줄 알았는지도 모른다. 그녀가 궁녀가 된 지 얼마 지나지 않았을 무렵 임진왜란이 발발했다. 선조를 비롯한 왕실 가족들은 신하들과 함께 피난길에 올랐다. 나라의 존립이 위태로운 위기였으나 김개시에게는 오히려 이것이 기회였다.

만약 김개시가 궁녀가 되지 않고 계속 노비로 남았다면 전쟁을 피할 수 없었을 것이고 목숨을 잃을 수도 있었다. 하지만 그녀는 동궁전 궁녀로서 선조의 피난길을 따라갔고 권력의 지척에서 전쟁 상황과 조정 대신의 면면 그리고 선조와 광해군의 관계를 파악할 수 있었다. 선조가 왜군을 피해 북쪽으로 거듭 피난하는 동안 광해군은 분조를 이끌며 민심을 수습했다. 광해군을 따라가는 대신 선조의 피난길에 동행했던 김개시는 이내 선조의 눈에 들었다.

    전쟁이라는 전대미문의 위기에서 차분하고 총명한 궁녀 김개시는 단연 돋보였다. 선조는 글을 읽고 쓸 줄 아는 김개시에게 업무를 맡겼고 선조의 명에 따라 문서 관련 업무를 보면서 그녀는 권력의 기반을 만들어갔다. 김개시는 선조의 시중을 들고 얼마 후 정5품 특별 상궁에 올랐다. 이는 임금의 승은을 받았다는 의미였다. 김개시는 '전쟁'이라는 특별한 상황에서 곧바로 상궁이 되었으니 궁녀로서 이례적으로 빠르게 최고의 자리에 오른 셈이다.

젊은 나이에 상궁으로 출세한 김개시는 전쟁이 끝난 후 동궁전으로 돌아가지 않고 선조의 시중을 들었다. 이미 선조의 명으로 특별 상궁에 올랐기에 다시 동궁전 궁녀가 되는 것이 불가능했기 때문이기도 했다. 전쟁이 끝났을 때, 세자 광해군의 입지는 전쟁 중일 때보다 더 위태로웠다. 명나라에서 책봉을 승인받지 못했고 선조의 인정도 받지 못했기 때문이다. 이런 상황에서 의인왕후가 선조 33년 1600에 승하하자 광해군의 지위는 더욱 불안해졌다. 이때 김개시와 인빈 김 씨가 광해군의 편에 섰으나 그 힘은 너무나 미비했다. 김개시는 아무리 이례적으로 출세했다고 하나 일개 궁녀일 뿐이었고 인빈 김 씨는 선조의 총애를 받았지만 궁녀 출신 후궁에 불과했다. 반면 선조는 광해군의 세자 지위를 얼마든지 박탈할 수 있었고 광해군의 생사여탈권을 쥐고 있었다. 이미 갓 태어난 적장자 영창대군에게 푹 빠진 선조 앞에서 광해군의 편을 드는 것은 목숨을 걸어야 하는 일이었다. 광해군의 입지와 지위가 하염없이 흔들리던 세월이 지나고 1608년, 선조가 승하하면서 광해군은 마침내 무사히 왕위에 올랐다.

내관 민희건의 공초를 받았는데

이르기를 "선왕선조께서 승하하시던 날 김 상궁김개시이 신과 이덕장을 불러 종이 한 장을 보이면서 말하기를 '이것은 유서遺書이니 밖에 전하라'고 하기에 신이 대답하기를 '나는 이미 승전색[1]에서 체차되었으니 감히 맡을 일이 못 된다'고 하였습니다. 그래서 이덕장이 마침내 그것을 가지고 상 앞에 가서 아뢴 뒤에 정원인가 외처인가에 내려보냈습니다. (하략)"

《광해군일기》[중초본] 66권

광해 5년 5월 15일

---

1) 임금의 명을 전하는 임무를 맡은 환관.

(중략) 김 씨는 곧 이른바 김 상궁인데 일찍이 선조의 후궁으로 있다가 뒤에 폐주의 사랑을 받게 되었다. 무신년1608 선조의 승하 당시 약밥에다 독약을 넣었다는 말도 있었다. (하략)

《인조실록》 3권
인조 1년 9월 14일

특별 상궁에서 제조상궁으로

《광해군일기》를 보면 김개시는 선조의 임종을 지켰고 그의 마지막 유언을 들었다. 김개시는 선조가 승하하자 선조의 유언이 쓰인 종이를 가지고 나와 왕명을 전하는 내관에게 보여주며 '밖에 전하라'고 말하기까지 했다. 당시 영의정 유영경을 비롯한 신하 일곱 명[2]은 광해군의 즉위를 저지할 계획까지 세우고 있었다. 따라서 선조가 승하하기 직전에 남긴 유언은 광해군의 즉위와 직결되어 있었다.

이처럼 중요한 순간에 김개시가 선조의 임종을 지킨 것은 결코 우연이 아니었다. 김개시는 선조가 승하하자마자 곧바로 유언을 밖에 전해 광해군이 무사히

---

2) 유교칠신. 선조가 승하할 때 유명(遺命, 임금이나 부모가 죽을 때 남긴 명령)을 내린 신하 일곱 명. 선조는 이들에게 어린 영창대군을 잘 보살피라는 유언을 내렸다.

즉위하게끔 필사적으로 도왔다. 이런 정황을 의심의 눈으로 바라본 《인조실록》에서는 김개시가 선조에게 독이든 약밥을 올렸고 이를 먹은 선조가 승하해 광해군이 무사히 왕으로 즉위할 수 있었다고 말한다. 사실이든 아니든 김개시가 광해군의 즉위에 공을 세운 것만은 분명하다.

광해군은 아버지 선조를 모셨던 김개시를 후궁의 예에 따라 출궁시키거나 다른 처소로 보내는 대신 계속해서 대전의 지밀상궁으로 두었다. 비난의 여지가 많은 일이었으나 광해군은 개의치 않았고 김개시도 사양하지 않았다. 김개시는 선조에 이어서 광해군의 지밀상궁이 되었고 이어서 궁녀의 수장인 제조상궁이 되었다. 선조 시절부터 업무 처리 능력을 인정받았고 정치적 감각이 빼어났던 김개시는 후궁이 아닌 궁녀의 신분이기에 광해군의 완벽한 수족이 될 수 있었다. 왕의 입장에선 친정을 고려하지 않을 수 없는 후궁이나 외척의 지위를 보장해줘야 충성을 얻을 수 있는 사대부와 달리 제조상궁 김개시는 오직 광해군을 위해 움직이는 광해군의 사람이었다. 아버지가 세자의 지위를 흔들고 형제로부터 왕위를 위협받아야 했던 광해군에게 온전한 자신의 편인 김개시는 없어서는 안 될, 누구도 대체할 수 없는 여인이자 정치적 동지였다.

이이첨과 손잡고 부귀영화의 길로

임진왜란 당시 선조의 신임을 받으며 출세의 기반을 닦았던 이이첨은 광해군이 즉위하면서 본격적으로 권력자의 길을 걷기 시작했다. 그는 철저한 정치공작을 통해 권력을 손에 넣은 뒤 조정을 장악했고, 역모를 조작하고 옥사를 일으켜 정적을 숙청했다. 더는 조작할 옥사가 없자 인목대비 폐모론을 주도하며 국정을 농단하고 광해군의 폭정을 이끌었다.

이이첨은 먼저 소수 강경 당파인 대북의 수장 정인홍의 인정을 받은 뒤 이를 바탕으로 대북의 실세로 자리매김했는데 이는 매우 영리한 처세였다. 정인홍은 영창대군을 총애해 광해군의 세자 지위를 흔들던 선조에게 강력한 비난 상소를 올려 유배를 당한 적이 있었다. 공교롭게도 그 직후에 선조가 갑작스럽게 승하하면서 정인홍은 유배 대신 새로운 임금인 광해군의 즉위를 도운 공신이 되었다. 광해군은 외롭고 불안했던 시기, 자신을 위해 목숨을 걸고 선조에게 쓴소리를 해준 정인홍에 대한 고마움을 잊을 수가 없었고 그를 절대적으로 신임했다.

하지만 정인홍은 연로했고 이이첨은 재빨리 정인홍을 지극히 존중하고 대우하며 그의 신임을 얻었다. 이후 정인홍의 지지를 받은 이이첨은 자연스럽게 대북의 실세가 됐다. 대북은 소수 당파였고 지나친 강경 노선으로 다른 당파와 화합하지 못했다. 소수 강경 당파인 대북은 끊임없이 역모 사건을 조작하고 옥사를 일으켜 공포로 조정을 장악하고 반대 당파를 제거했다. 이이첨은 이러한 권모술수에 특화된 인물이었다. 이때 이이첨은 김개시에게 접근했다.

> (중략) 정인홍이 차자를 올릴 적마다 일체 이이첨이 보낸 편지의 보고에 따라 하였는데 혹 상소가 올라올 날짜가 아직 안 되었는데도 상소에 이미 말한 것들은 이이첨 자기가 상소를 지어 대신 올리고

난 뒤에 정인홍에게 말한 것이다. 그러나 정인홍 역시 그것을 그르게 여기지 않고 도리어 그가 충성스럽다고 칭찬하였다. 사람들이 말하기를 '이이첨이 세 가지를 섬기는데, 세자빈을 섬기어 세자를 속이고, 정인홍의 제자를 섬기어 정인홍을 속이고, 김 상궁을 섬기어 왕을 속인다'고 하였는데 모두 진귀한 노리개와 좋은 보물을 바쳤다.

《광해군일기》[중초본] 67권

광해 5년 6월 19일

이이첨은 김개시의 영향력을 정확하게

파악했다. 아무리 역모를 조작하여 무리한 옥사를 일으켜도 김개시만 통하면 광해군의 결재를 받을 수 있었기에 집권당인 대북의 실세이자 조정 대신이었던 이이첨은 일개 상궁 섬기기를 마다하지 않았다. 광해군이 임금인 이상 김개시는 영원한 비선임을 이미 알았기 때문이다. 이이첨의 판단은 옳았다. 조정 대신과 결탁하면서 김개시는 임금을 움직일 수 있는 자신의 능력이 얼마나 대단한지 단박에 깨달았다. 권력을 손에 넣은 김개시 앞에는 국정 농단과 뇌물 수수를 통한 부귀영화의 길이 펼쳐졌다.

이이첨李爾瞻을 예조 판서로 삼았

다. (중략) 사대부들의 거마가 골목이 차고 넘치도록 찾아와서 밤낮으로 문전성시를 이루었고 두려워하여 빌붙는 사류들도 또한 많았다. 이때 이르러 비로소 이정귀를 대신하여 예조 판서가 되었는데, 얼마 지나지 않아 대제학을 겸하였다. 그리하여 <u>오로지 과거에 합격시켜주는 것으로써 후진들을 낚자</u>, 이익을 탐하고 염치가 없는 무리들이 그의 문에 모여들었는데 이이첨은 곡진하게 예로 그들을 접대하며 사림이라고 불렀다. 대각이 먼저 발론하기 불편한 큰 의논이 있을 때마다 모두 스스로 소장의 초안을 잡아 그의 추종자들에게 나누어 주어 올리게 하고는 초야의 공론이라고 이름하였다. 그 가운데서도 심각하고 음험한 함정에 관련된 것은 모두 밀계密啓를 사용하였는데, 가장 은밀한 것은 언문으로 자세하게 말을 만들어 김 상궁김개시으로 하여금 완곡히 개진하게 하여 반드시 재가를 얻어내고서야 그만두었다.

《광해군일기》[중초본] 69권
광해 5년 8월 11일

사대부가 이이첨을 두려워하면서도 따

르는 이유는 그의 눈에 들면 벼슬을 할 수 있었기 때문이다. 과거 합격은 물론 원하는 관직에 이르기까지 이이첨의 비위를 맞추기만 하면 모두 이룰 수 있었다. 이것이 출세와 권력이 간절한 사대부를 쥐락펴락하는 이이첨의 힘이었다. 하지만 조정을 장악한 이이첨조차 아부하며 뇌물을 바쳐야 하는 이가 있으니 바로 김개시였다. 과거에 합격했어도 관리의 인사권은 임금 고유의 권한이었고 임금의 마음을 움직일 수 있는 사람은 김개시였기 때문이다.

정치적 운명 공동체이자 경쟁자, 김개시와 이이첨

《조선왕조실록》에서는 김개시와 이이첨이 매우 닮았다고 기록한다. 놀랍게도 먼저 접근한 사람은 이이첨이었다. 그는 김개시의 아버지와 관계를 맺음으로써 김개시에게 줄을 대기 시작했다고 한다. 두 사람은 남녀 관계가 아닌, 철저하게 권력을 위한 비즈니스 관계였기에 환상의 궁합을 자랑했다. 이이첨의 권력이 커지면서 김개시에게 아부하고 줄을 대는 이들도 점점 늘어갔다. 이이첨과 김개시는 정치적 운명 공동체이자 경쟁자였다.

(중략) 그 김개시의 지기와 언론은 이이첨과 대략 서로 비슷하였으

니 항상 의분에 북받쳐 역적을 토벌하는 것으로 자임한 것이 비슷한 첫째이다. 그리고 상궁이 되어서도 호를 올려달라고 요구하지 않은 채 편의대로 출입하면서 밖으로 겸손을 보인 것과, 이이첨이 항상 조정의 논의를 주도하면서도 전조의 장이나 영상의 자리에 거하지 아니하여 밖으로 염정그리워하고 사모하는 마음을 보인 것이, 비슷한 둘째이다. 뜻을 굽혀 중전을 섬기면서도 내면의 실지에 있어서는 헐뜯은 것과, 이이첨이 저주하고 패역한 일들을 모두 스스로 했으면서 남에게 밀어넘겨 도리어 토벌했다는 것으로 공을 내세운 것이, 비슷한 셋째이다.

《광해군일기》[중초본] 69권

광해 5년 8월 11일

  이이첨에게 아부하며 출세한 이들이 이이첨을 거치지 않고 김개시에게 줄을 대면서 김개시는 더 높은 부귀와 권세를 누렸다. 광해군에게서 파생된 권력의 중심에는 김개시가 있었다. 이이첨도 이를 알았기에 김개시를 상전처럼 대우하며 그에게 노골적으로 정치적 조언을 구했다. 당대 최고의 실권자인 이이첨의 극진한 대우 속에서 김개시는 더욱 적극적으로 뇌물과 인사 청탁을 받으며 국정을 농단했다.

심즙沈諿을 사인으로, 이정원을 응교로 삼았다. 이정원은 괴산 사람인데 그 모친은 심히 미천하였다. (중략) 이이첨에게 빌붙어 노예나 다름없이 하여 갑자기 화려한 직책을 얻었다. 타고난 성품이 거칠고 사나우며 남을 모함하는 것을 능사로 삼았다. 김 상궁과 내통하여 관직이 이조 참의에 오르자, 서울과 지방의 무뢰배들이 일제히 따라붙어 벼슬길에 통하게 되었고 사족 중 이익을 즐기고 염치가 없는 자들은 친척으로 인정하기까지 하니, 사대부들이 수치스럽게 여기었으나 이정원은 크게 기뻐하여 뇌물 없이 관직을 얻는 이도 있었다.

《광해군일기》[중초본] 139권
광해 11년 4월 24일

형방 승지 홍도弘道는 처음에 이이첨을 섬겨 부자간이 되기로 약속하여 전후로 화려한 관직을 주제넘게 차지하였는데, 이것은 다 이이첨이 그를 품어서 길러준 것이었다. 박홍도는 또 몰래 인군이 사랑하는 김 상궁과 결탁하여 인군의 총애를 받아 성세가 이이첨과 서로 비등하게 되었다.

《광해군일기》[중초본] 180권

광해 14년 8월 26일

적신 이이첨이 김 씨김개시에게 빌붙어 흉모 비계에 가담하지 않은 것이 없었으며, <u>내외의 크고 작은 벼슬이 모두 김 씨와의 협의를 거친 뒤에야 낙점을 받았으므로</u> 권세가 온 나라를 기울였다. 부끄러움을 모르는 사대부로서 빌붙지 않은 자가 없었지만 그중에서도 더욱 심한 자는 이이첨·성진선의 부자·박홍도 등인데, 김 씨가 이들의 집을 무상 출입하였는가 하면 추한 소문이 파다하기도 하였다.

《인조실록》 3권

인조 1년 9월 14일

  이이첨과 김개시는 광해군의 불안한 심리를 누구보다 잘 알고 있었다. 이이첨이 이를 이용해 강경한 목소리로 영창대군의 유배와 인목대비의 폐비를 주장하며 여론을 장악하고 권력을 이용했다면 김개시는 광해군의 심신을 따뜻하게 위로하면서 그를 장악했다. 광해군은 대북이 주도하는 옥사가 끝날 때마다 간택 후궁을 뽑아 외척을 늘렸다. 자신의 편이 간절했기 때문이다. 이를 잘 아는 김개시는 권력의 맛에 취하면서도 자신의 본질을 절대 잊지 않았다. 그는 후궁의 품계를 요구하지 않았으나 왕의 여인으로서 왕비와 후궁을 질투했다. 광해군에게 여자로 보이면서 권력에 대한 욕심과 정치적인 영향력을 희석하고 비난과 처벌을 피한 처세다. 오늘날 광해군과 김개시를 바라보면 광해군을 완벽하게 파악하고 있는 김개시가 가스라이팅을 했다고 볼 수 있다.

> 이때 궁첩宮妾이 매우 많았고, 그 중에 상궁 김 씨가 우두머리였는데 왕비를 가장 심하게 투기하여 원수처럼 대하였다.

《광해군일기》[중초본] 135권
광해 10년 12월 12일

조종조에 숙의는 3인을 넘을 수 없었는데 당시에 정치가 어지러워 여알女謁이 날로 성하였다. 일찍이 허경의 딸, 홍매의 딸, 윤홍업의 딸, 원수신의 딸을 뽑아 들였고 지금 권여경의 딸을 합하여 5인이 되었다. 또 소용 임 씨·정 씨, 상궁 김 씨金氏·변 씨·이 씨·최 씨가 있었는데 김 씨가 더욱 전횡하였다.
서로들 총애 받으려고 다투며 투기가 심하였고, 권귀에게 뇌물을 바쳐 조정의 높은 사람과 각기 결탁하여 스스로 후원자 무리를 만들어 관직을 팔고 돈을 받고 죄인을 놓아주어서 궁문이 시장 같았다. 큰 집을 여러 채 가지고 있으며 금옥을 쌓아두고 기염이 성하니 길가는 사람들이 눈짓으로 비난하였다.

《광해군일기》[중초본] 130권

광해 10년 7월 5일

김개시의 권세가 대단해질수록 그에게 줄을 대려는 사람이 늘었다. 심지어 김개시에게 줄을 대기 위해 그의 가족에게까지 뇌물을 바치기도 했다. 김개시의 원래 신분이 노비였으니 그의 가족 역시 양반이 아니었다. 하지만 출세가 간절한 사대부와 관리는 천민 혹은 상민인 김개시의 가족을 찾아와 굽신거렸다. 김개시의 가족은 갑질을 하며 불법을 일삼았으나 아무 처벌도 받지 않았다. 그야말로 무소불위의 권력이었다.

광해군의 부인과 후궁들

문성군부인 유씨

숙원 신씨
인빈 김씨의 조카딸.
광해군 1년1609년 숙원으로 봉해졌다.

소용 임씨
부제학 임몽정의 서녀.
임몽정은 광해군이 즉위하기 전 세상을 떠났다.
광해군으로부터 크게 총애를 받았고,
광해군이 폐위된 후 유배지에서 그를 모셨다.

소용 정씨
어모장군 정순경의 서녀.
광해군으로부터 크게 총애를 받았다.
동복오라비 정지산은 광해군 8년1616년
얼음을 관리하는 빙고별좌종5품에 임명되었다.

숙의 허씨
의금부도사 허경의 딸.
광해군 5년1613년 간택되었다.
봉산옥사1612년와 계축옥사1613년가 끝난 후
숙의에 봉해졌다.

후궁 조씨
내금위 조국철의 여동생이자 왕비의 친인척.
광해군 4~5년 사이에 후궁이 된 것으로 보인다.

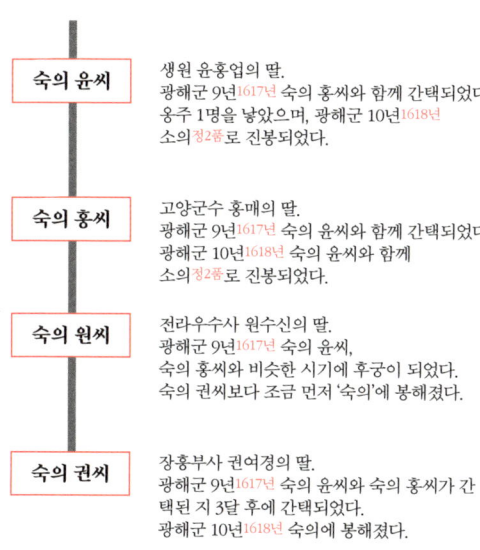

숙의 윤씨
생원 윤홍업의 딸.
광해군 9년1617년 숙의 홍씨와 함께 간택되었다.
옹주 1명을 낳았으며, 광해군 10년1618년
소의정2품로 진봉되었다.

숙의 홍씨
고양군수 홍매의 딸.
광해군 9년1617년 숙의 윤씨와 함께 간택되었다.
광해군 10년1618년 숙의 윤씨와 함께
소의정2품로 진봉되었다.

숙의 원씨
전라우수사 원수신의 딸.
광해군 9년1617년 숙의 윤씨,
숙의 홍씨와 비슷한 시기에 후궁이 되었다.
숙의 권씨보다 조금 먼저 '숙의'에 봉해졌다.

숙의 권씨
장흥부사 권여경의 딸.
광해군 9년1617년 숙의 윤씨와 숙의 홍씨가 간택된 지 3달 후에 간택되었다.
광해군 10년1618년 숙의에 봉해졌다.

※ 이 외에도 상궁 김씨(김개시) 등을 비롯하여 측근의 여러 궁인들을 총애하였다. 광해군의 후궁간택은 재위 5년과 9년에 집중되었는데, 광해군 5년은 봉산옥사와 계축옥사가 마무리 된 시기이고, 광해군 9년은 폐모론이 적극적으로 대두되기 시작한 시기이다.
광해군은 주로 임금의 경호 및 대궐의 치안을 담당하는 관리의 여식을 후궁으로 간택했는데 이는 아마도 계속된 역모와 옥사 등으로 불안했던 광해군의 심리를 보여주는 것이라고는 평이 많다.

김 상궁의 조카사위인 정몽필은 바로 아전의 자식이었는데 권력을 믿고 기세를 부려 길가는 사람들이 모두 눈을 흘겼다. 그는 명례궁明禮宮, 덕수궁의 다른 이름의 본궁에 사옥私獄, 사사로운 감옥을 설치해 놓고 남의 노비를 빼앗고는 그 주인을 잡아 가두고 혹독한 매질을 가하여 노비문권을 바친 뒤에야 풀어주었다.

(중략) 몽필이 궁중을 출입하는 데 있어 제멋대로 행동하며 기탄없이 하고 추악한 소문이 퍼지기까지 하였다. 그런데 재신정승 이하 이익을 탐내며 염치가 없는 이병

과 같은 무리는 어두운 밤에 그의 집에 찾아가서 팔을 잡고 술에 취해 농담을 하며 서로 말을 놓고 지내는 친구가 되었다. 그의 죄악이 극도에 이르러 반정이 일어났을 때 참형을 받았다.

《광해군일기》[중초본] 185권
광해 15년 1월 11일

인조반정, 운명의 날

시간이 지나면서 이이첨에 대한 광해군의 신뢰는 약해졌다. 이 무렵 명나라와의 전투에서 연달아 승리한 후금은 조선에 화친을 요구했는데, 국

방과 외교의 주요 사안들이 연일 올라왔으나 조정의 신하들은 후금과 관련된 일은 어떻게든 회피하려 했다. 오랑캐와 화친을 주장했다는 오명을 듣지 않기 위해서였다. 이이첨은 폐모론을 주장할 때처럼 강경하게 화친에 반대하며 명나라의 은혜를 갚기 위해 후금과 맞서야 한다고 주장했다. 영의정 박승종은 후금과 화친이 필요하다고 인정한 광해군의 외교정책을 지지하는 유일한 인물이었으나 인사권과 비변사를 장악한 이이첨에게 맞서는 대신 칩거를 선택했다.

광해군은 박승종에게 화가 났고 그동안 이이첨의 전횡을 방임한 것을 후회했다. 변하지 않는 마음으로 광해군의 곁을 지키는 사람은 김개시뿐이었다. 광해군은 김개시를 더욱 의지하며 총애했다. 이제 김개시는 광해군의 최측근을 넘어 조정의 2인자나 다름없었다. 임금의 태도가 바뀐 것을 체감한 이이첨은 마지막 승부수를 띄웠다. 광해군 14년1622년 12월, 이이첨은 굿을 빙자하여 인목대비가 유폐된 서궁에 사람을 보냈다. 대비를 시해하여 충성심을 보이려 한 것이다. 하지만 이를 알아챈 박승종의 저지로 인해 대비 시해는 실패로 끝났고 돌아온 것은 광해군의 냉랭함 뿐이었다.

이이첨과 광해군의 연대는 이즈음에서 거의 끝났다. 광해군의 곁에 사람이 없었기에 이이첨을 내치지 않고 있을 뿐, 신뢰

관계는 이미 깨진 후였다. 대비 시해가 실패로 돌아간 지 얼마 지나지 않아 이귀, 김자점 등이 능양군[3]을 왕으로 추대하기 위해 역모를 꾀하고 있다는 고변이 올라왔다. 역모와 고변은 이이첨의 주특기였기에 광해군은 풍문으로 옥사를 일으킬 수 없다며 고변을 무시했다. 역모와 옥사가 이이첨의 권력을 비대하게 만든 원인임을 알았기 때문이다. 옥사 전문가 이이첨과 사이가 틀어져 버린 후였기에 광해군은 역모에 아무런 대비를 하지 않았다.

하지만 이 고변은 정치공작이 아니라

---

3) 선조와 인빈 김 씨의 아들 정원군(선조의 서5남)의 장남. 제16대 인조다.

사실이었다. 역모를 꾀한 이들은 고변이 올라갔다는 소식을 듣자 우왕좌왕했다. 지금까지 고변으로 인한 옥사에서 살아남은 사람이 없었기 때문이다. 다행히 체포 명령이 떨어지지 않자 이들은 서둘러 반정을 도모한 주요 인물인 이귀의 딸 이예순을 통해 광해군의 최측근인 상궁 김씨김개시에게 거액의 뇌물을 건네며 살길을 도모했다. 이예순은 원래 김자점의 남동생과 부부였는데 남편이 일찍 죽자 불교에 심취하여 남편의 친구와 야반도주한 후 출가하여 토굴에서 함께 수행하던 중 관아에 발각되어 무수리가 되는 벌을 받았다. 이귀와 김자점 등은 무수리의 신분으로 궁궐을 드나들 수 있던 이예순을 통해 김개시에게 접근하여 뇌물을 주고 광해군의 눈과 귀를 가렸다. 뇌물을 받은 김개시가 역모 근거가 없다고 전하자 광해군은 그녀의 말을 그대로 믿었다. 이미 깊어진 이이첨에 대한 불신과 김개시에게 건네진 거액의 뇌물로 인해 고변은 덮였다. 김개시는 정권이 바뀌어도 자신의 안위가 보장될 것이라 믿었던 것일까. 아니면 정말 반정이 일어나지 않는다고 생각했던 것일까. 이는 알 수 없다.

광해군 15년1623 3월 12일, 군사의 움직임이 광해군에게 보고됐으나 광해군은 이번에도 시큰둥한 반응을 보였다. 김개시를 비롯한 후궁과 더불어 술을 마시고 있던 광해군은 역모에 대한 보고로 술

자리를 방해받자 오히려 불쾌함을 드러냈다. 바로 다음 날인 광해군 15년 1623년 3월 13일, 마침내 인조반정이 일어났다. 반정 당일, 광해군은 사건의 심각성을 느낀 유희분과 박승종의 재촉으로 뒤늦게 궁궐 수비를 강화했다. 소식을 들은 반정군은 계획이 연거푸 누설되자 갈팡질팡하다가 밤이 늦어서야 군사를 이끌고 궁으로 향했다. 하지만 걱정과 달리 이미 반정 세력에게 포섭된 이흥립이 궁궐 문을 열어주면서 상황은 순식간에 끝났다. 반정군은 궁에 진입한 지 단 2시간 만에 반정을 성공시켰고 다음 날 광해군은 폐위되었다. 허무한 결말이었다.

　이처럼 인조반정은 시작하기도 전 두

번이나 위기를 맞았는데 첫 번째는 고변이 올라간 것이고, 두 번째는 반정 당일 모인 군사들의 움직임이 광해군의 귀에 들어간 것이다. 이는 자칫하면 시작도 하기 전 군사가 와해되어 반정이 실패할 위기였으나 두 번 모두 광해군의 무시와 방심으로 성공할 수 있었다.

인조반정과 함께 나는 새도 떨어뜨렸던 김개시의 시대도 순식간에 끝났다. 붓 하나를 들고 뇌물값을 들으며 벼슬을 낙점했다던 김개시는 목이 잘렸다. 인조반정 세력은 훗날 김개시가 그의 조카인 정몽필과 불륜 관계였으며 그에게 아부했던 조정의 여러 인물과 추문이 있었다고 전했다. 김개시는 죽고 사람들의 입에 오래도록 오르내릴 추문만 남았다. 여인의 몸으로, 일개 상궁으로 수년간 국정을 농단했던 김개시의 죽음에 연민의 시선을 주는 이는 아무도 없었다.

폐위된 광해군은 강화도에 유배됐다. 광해군의 명으로 유배된 임해군과 영창대군이 죽음을 맞이한 바로 그곳이었다. 폐위된 세자와 세자빈도 강화도로 유배되었으니 유배지에서 가족이 모두 모인 셈이었다. 하지만 광해군은 가족과 함께 지내지는 못했다. 그리고 얼마 후 비극이 일어났다. 탈출을 꾀하던 세자는 발각되어 죽었고 세자빈은 자결했으며 연이은 비극을 견디지 못한 왕비도 곧 세상을 떠났다. 폐주 광해군은 강화도에서 제주도로 유배지를 옮기며 천수를 누렸다. 어쩌면 그것이 광해군에게는 형벌이었을 것이다.

상궁 김개시를 베었다.
개시가 정업원淨業院에서 불공을 드리고 있다가 사변이 일어난 것을 듣고 민가에 숨어 있었는데, 군인이 찾아내어 베었다.
《광해군일기》[중초본] 187권
광해 15년 3월 13일

상궁尙宮 김 씨와 승지 박홍도를 참수하였다. 김 상궁은 선묘宣廟의 궁인으로 광해가 총애하여 말하는 것을 모두 들어줌으로써 권세를 내외에 떨쳤다. 또 이이첨의 여러 아들 및 박홍도의 무리와 결탁하여 그 집에 거리낌 없이 무상으로 출입하였다. 이때에 와서 맨 먼저 참형을 받았다. (중략) 광해는 상제가 된 의관 안국신의 집에 도망쳐 국신이 쓰던 흰 의관을 쓰고 있는 것을 국신이 와서 고하므로 장사들을 보내 떠메어 왔고, 폐세자는 도망쳐 숨었다가 군인들에게 잡혔다.

《인조실록》1권
인조 1년 3월 13일

반정한 이튿날 김 상궁과 정몽필

은 군문軍門에서 목을 베었고, (숙의) 윤 씨는 그 뒤 문밖에서 죽임을 당했고, 숙의 정 씨는 집에서 자살하였다.

《인조실록》 3권

인조 1년 9월 14일

반란이 성공하자 남은 것은 권력의 추락이었다. 양주로 가서 군사를 일으키려던 박승종은 반란이 성공했다는 소식을 듣자 아들과 함께 자결하였고 상궁 김씨 김개시는 받은 뇌물을 다 쓰기도 전에 목이 잘렸다. 가족을 데리고 이천에 숨어있던 이이첨은 얼마 후 발각되었고 아들들과 함께 참수되었다. 이이첨은 처형되기

전 "하늘은 나의 무죄를 알 것이다. 나는 살아서는 효자이고, 죽어서는 충신이다!"라고 외쳤다고 한다. 비장한 외침이었으나 하늘은 무심했다. 이이첨의 목이 떨어지자 지켜보던 백성들이 달려들어 그의 시신을 찢었다. 죄 없는 사람을 수없이 죽인 권력자에게 어울리는 죽음이었다.

능양군의 반란은 성공했기에 역모가 아닌 '반정'으로 역사에 기록되었다. 광해군과 문성군부인 유씨, 폐세자와 폐세자빈 박씨는 강화도에 유배되었다. 몇 달 후 땅을 파서 탈출을 시도했던 폐세자는 발각되었고, 3일 후 폐세자빈 박씨는 스스로 목숨을 끊었다. 두 달 후 폐세자는 처형되었고 아들의 죽음을 알게 된 문성군부인 유씨도 그해 10월 세상을 떠났다. 임해군, 영창대군, 능창군이 숨을 거둔 강화도에서 광해군의 아내와 아들, 며느리도 목숨을 잃은 것이니 목숨을 목숨으로 갚은 셈이다. 반면 광해군은 오래 살았다. 폐위된 후 20년 가까이 유배지를 전전하던 그는 인조 19년1641년 7월, 67세의 나이로 눈을 감았다.

시간이 흐른 뒤, 광해군에 대한 평가는 많이 달라졌다. 하지만 광해군 시대 가장 강력한 권력을 장악했으나 광해군을 혼군으로 이끈 장본인인 김개시와 이이첨은 여전히 탐욕스러운 비선실세이자 권력의 추악함을 보여주는 거울로 기억되고 있다.

선조-광해군 시대의 주요 사건

일시	사건	비고
선조 5년 1572년	임해군 탄생	
선조 8년 1575년	광해군 탄생	동서 당쟁의 시작
선조 9년 1576년	문성군부인 탄생	
선조 15년 1582년	이이첨 사마시 합격	
선조 17년 1584년	인목왕후 탄생	
선조 20년 1587년	광해군, 문성군부인 유자신의 딸과 혼인	
선조 25년 1592년	광해군 세자 책봉, 신성군母 인빈 김씨 사망	임진왜란 발발
선조 30년 1597년	의인왕후, 세자빈, 옹주 등 피난	정유재란 발발
선조 31년 1598년	원손폐세자 이질 탄생	이순신 장군 전사
선조 33년 1600년	의인왕후 승하	
선조 35년 1602년	선조, 인목왕후와 혼인	

69

일시	사건	비고
선조 36년 1603년	정명공주선조와 인목왕후의 적장녀 탄생	
선조 39년 1606년	영창대군선조와 인목왕후의 적장자 탄생	
선조 41년 1608년	선조, 정릉동 행궁에서 승하 광해군, 정릉동 행궁에서 즉위	
광해군 원년 1608년	임해군 진도 -강화도 유배 정인홍, 이이첨 석방	광해군 원년 이이첨의 벼슬 병조정랑, 사헌부 지평, 홍문관 부교리, 응교 사간원 사간, 사헌부 집의
광해군 1년 1609년	임해군38세, 유배지 강화도에서 사망	광해군 1년 이이첨의 벼슬 동부승지-우부승지-좌부승지
광해군 3년 1611년	세자빈 간택 및 세자 혼인 궁궐 공사	정릉동 행궁을 '경운궁'으로
광해군 4년 1612년	김직재의 무옥	

일시	사건	비고
광해군 5년 1613년	계축옥사, 영창대군 폐서인 및 유배 후궁간택	김제남 인목왕후 아버지 사사
광해군 6년 1614년	영창대군 9세, 유배지 강화도에서 사망	
광해군 7년 1615년	신경희의 옥사 능창군 인조의 동생, 유배지 강화도에서 사망, 후궁 간택	
광해군 8년 1616년	정원군 인조의 아버지 집에 경덕궁 경희궁 건설	누르하치, 후금 건국
광해군 9년 1617년	후궁 간택	
광해군 10년 1618년	인목왕후와 정명공주, 서궁 유폐 후궁 간택	
광해군 14년 1622년	이이첨, 인목대비 시해 시도 실패	
광해군 15년 1623년	인조반정, 폐위	
인조 원년 1623년	박승종, 이이첨, 김개시 처형 폐세자 이질 및 세자빈, 문성군부인 사망	

광해군의 왕비와 주요 후궁

왕비 및 후궁	혼인 및 책봉 시기	비고
문성군 부인 유씨중전	선조20년1587 왕자 광해군과 혼인	군부인-세자빈-왕비 자녀: 폐세자 1명
숙원 신씨	광해군 1년1609 숙원 책봉	선조 후궁이던 인빈 김씨의 조카
숙의 허씨간택 후궁	광해군5년1613 계축옥사[4] 이후 책봉	의금부도사 허경의 딸
소용 임씨간택 후궁		임몽정의 서녀로 인조반정 후 폐위된 광해군을 유배지에서 보필했다.
소용 정씨간택 후궁		정순경의 서녀 광해군의 총애를 받았다.

---

[4] 광해군5년에 대북파가 영창대군 및 반대파 세력을 제거하기 위하여 일으킨 옥사. 영창대군을 왕으로 옹립하려는 역모를 꾀했다는 명분으로 소북을 축출(숙청)했다.

후궁 조씨		내금위 조국철의 여동생
숙의 홍씨 간택 후궁	인목대비 폐모론이 대두되던 광해군9년 1617 책봉	숙의-소의 고양군수 홍매의 딸
숙의 원씨 간택 후궁		전라우수사 원수신의 딸
숙의 권씨 간택 후궁		장흥부사 권여경의 딸
숙의 윤씨 간택 후궁		숙의-소의 자녀:옹주 1명

3분 실록 참고문헌

《인조대왕과 친인척》 지두환, 역사문화, 2000

《효종대왕과 친인척》 지두환, 역사문화, 2001

《중종대왕과 친인척: 세가》 지두환, 역사문화, 2001

《중종대왕과 친인척: 왕비》 지두환, 역사문화, 2001

《중종대왕과 친인척: 후궁》 지두환, 역사문화, 2001

《세조대왕과 친인척》 지두환, 역사문화, 2002

《명종대왕과 친인척》 지두환, 역사문화, 2002

《선조대왕과 친인척: 왕과 비》 지두환, 역사문화, 2002

《선조대왕과 친인척 후궁》 지두환, 역사문화, 2002

《광해군과 친인척: 군과 부인》 지두환, 역사문화, 2002

《광해군과 친인척: 광해군 후궁》 지두환, 역사문화, 2002

《성종대왕과 친인척 후궁》 지두환, 역사문화, 2002

《조선의 왕실과 외척》 박영규, 김영사, 2003

《조선 최대 갑부 역관》 이덕일, 김영사, 2006

《왕을 낳은 후궁들》 최선경, 김영사, 2007

《선조: 조선의 난세를 넘다》 이한우, 해냄, 2007

《숙종: 조선의 지존으로 서다》 이한우, 해냄, 2007

《정조: 조선의 혼이 지다》 이한우, 해냄, 2007

《조선왕비실록: 숨겨진 절반의 역사》 신명호, 역사의 아침, 2007

《성종대왕과 친인척 세가》 지두환, 역사문화, 2007

《연산군과 친인척》 지두환, 역사문화, 2008

《한권으로 읽는 조선왕실계보》 박영규, 웅진지식하우스, 2008

《예종대왕과 친인척》 지두환, 역사문화, 2008

《조선공주실록》 신명호, 역사의 아침, 2009

《현종대왕과 친인척》 지두환, 역사문화, 2009

《숙종대왕과 친인척: 숙종세가》 지두환, 역사문화, 2009

《숙종대왕과 친인척: 숙종왕비》 지두환, 역사문화, 2009

《숙종대왕과 친인척: 숙종후궁》 지두환, 역사문화, 2009

《경종대왕과 친인척》 지두환, 역사문화, 2009

《영조대왕과 친인척: 영조세가》 지두환, 역사문화, 2009

《영조대왕과 친인척: 영조후궁》 지두환, 역사문화, 2009

《정조대왕과 친인척: 정조세가》 지두환, 역사문화, 2009

《정조대왕과 친인척: 왕비와 후궁》 지두환, 역사문화, 2009

《영조를 만든 경종의 그늘: 정치적 암투 속에 피어난 형제애》
　　　이종호, 글항아리, 2009
《영조의 세 가지 거짓말: 드라마를 통해 재조명되는 영조의
　　　출생 비밀》김용관, 올댓북, 2010
《왕의 여자: 오직 한 사람을 바라보며 평생을 보낸 그녀들의
　　　내밀한 역사》김종성, 역사의 아침, 2011
《궁녀: 궁궐에 핀 비밀의 꽃》신명호, 시공사, 2012
《궁녀의 하루: 여인들이 쓴 숨겨진 실록》박상진, 김영사,
　　　2013
《영조의 어머니, 숙빈 최씨》이영춘, 한국학중앙연구원, 2013
《대비, 왕 위의 여자: 왕권을 뒤흔든 조선 최고의 여성 권력자
　　　4인을 말하다》김수지, 인문서원, 2014
《영조의 딸과 사위》지두환, 한국학중앙연구원, 2014
《왕실 친인척과 조선 정치사》지두환, 역사문화, 2014
《조선의 왕비가문》양웅열, 역사문화, 2014
《왕비로 보는 조선왕조》윤정란, 이가출판사, 2015
《조선왕조여인실록, 시대가 만들어낸 빛과 어둠의 여인들》
　　　배성수, 이봉학, 고기홍, 이종관 공저, 온어롤북스,
　　　2017

《조선왕실의 백년손님: 벼슬하지 못한 부마와 그 가문의 이야기》 신채용, 역사비평사, 2017

《한 권으로 읽는 조선왕조실록》 박영규, 웅진지식하우스, 2017

《5궁과 도성: 서울의 다섯 궁궐과 도성》 공준원, 생각나눔, 2020

《조선왕실의 후궁: 조선조 후궁제도의 변천과 의미》 이미선, 지식산업사, 2021

《수문록1》 김용흠, 원재린, 김정신 역주/이문정 편, 혜안, 2021

《수문록2》 김용흠, 원재린, 김정신 역주/이문정 편, 혜안, 2021

《서궁마마의 눈물: 계축일기》 작자 미상, 김을호 편, 라이프앤북, 2021

디지털 장서각(https://jsg.aks.ac.kr/)

《인현왕후민씨덕행록》 가람문고본

《민중전덕행록》, 규장각 원문 검색 서비스

광해군을 움켜쥔 궁녀

초판 1쇄 발행 2025년 3월 31일	지은이	조민기
	펴낸이	김태영

씽크스마트	전화	02-323-5609
경기도 고양시 덕양구 청초로 66	홈페이지	www.tsbook.co.kr
덕은리버워크 지식산업센터 B동 1403호	블로그	blog.naver.com/ts0651
	페이스북	@official.thinksmart
	인스타그램	@thinksmart.official
	이메일	thinksmart@kakao.com

씽크스마트 더 큰 세상으로 통하는 길 '더 큰 생각으로 통하는 길' 위에서 삶의 지혜를 모아 '인문교양, 자기계발, 자녀교육, 어린이 교양·학습, 정치사회, 취미생활' 등 다양한 분야의 도서를 출간합니다. 바람직한 교육관을 세우고 나다움의 힘을 기르며, 세상에서 소외된 부분을 바라봅니다. 첫 원고부터 책의 완성까지 늘 시대를 읽는 기획으로 책을 만들어, 넓고 깊은 생각으로 세상을 살아갈 수 있는 힘을 드리고자 합니다.

도서출판 큐 더 쓸모 있는 책을 만나다 도서출판 큐는 울퉁불퉁한 현실에서 만나는 다양한 질문과 고민에 답하고자 만든 실용교양 임프린트입니다. 새로운 작가와 독자를 개척하며, 변화하는 세상 속에서 책의 쓸모를 키워갑니다. 흥겹게 춤추듯 시대의 변화에 맞는더 '쓸모 있는 책'을 만들겠습니다.

ISBN 978-89-6529-437-5 (04910) ⓒ 2025 조민기

이 책에 수록된 내용, 디자인, 이미지, 편집 구성의 저작권은 해당 저자와 출판사에게 있습니다. 전체 또는 일부라도 사용할 때는 저자와 발행처 양쪽의 서면으로 된 동의서가 필요합니다.